Texas hoy

Guiando a los Estados Unidos hacia el futuro

Patrice Sherman

Créditos de publicación

Dona Herweck Rice, *Jefa de redacción*

Conni Medina, *Directora editorial*

Lee Aucoin, *Directora creativa*

Marcus McArthur, *Ph.D, Editor educativo asociado*

Neri García, *Diseñador principal*

Stephanie Reid, *Editora de fotografía*

Rachelle Cracchiolo, *M.S.Ed., Editora comercial*

Créditos de imágenes:

Tapa NASA; pág. 1 NASA; pág. 4 NASA; pág. 5 Getty
Images; pág. 6 (derecha) Eustress (CC BY–SA)/
Wikimedia; pág. 7 Getty Images; pág. 8 (izquierda)
MCT/Newscom; pág. 9 DanitaDelimont.com/Newscom;
pág. 10 NASA; pág. 11 (arriba) Getty Images; pág.
11 (abajo) Alamy; pág. 12, 13 Associated Press; pág.
15 (arriba) Getty Images; pág. 15 (izquierda) State
Preservation Board, Austin, Texas; pág. 16 Wikimedia;
pág. 17 MCT/Newscom; pág. 18 (izquierda) Alamy;
pág. 18 (derecha) Newscom; pág. 19 Alamy; pág. 20
(izquierda) Alamy; pág. 21 (arriba) Getty Images; pág.
21 (nota del recuadro) Tom Hauck/Icon SMI/Newscom;
pág. 22 Cynthia Leitich; pág. 23 Trudy de Jessica Lee
Anderson (Milkweed Editions, 2005). Reproducido
con autorización; pág. 24 ZUMA/Newscom; pág. 25
(arriba) Getty Images; pág. 25 (abajo) Alamy; pág. 26
(izquierda) Alamy; pág. 26 (derecha) Tommy LaPorte/
Icon SMI/Newscom; pág. 27 Thomas B. Shea/Icon SMI/
Newscom; pág. 28 (izquierda) John Albright/Icon SMI/
Newscom; pág. 28 (derecha) imelda/flickr(CC BY–NC–
ND); pág. 29 AFP/Getty Images/Newscom; Todas las
demás imágenes de Shutterstock.

Teacher Created Materials

5301 Oceanus Drive

Huntington Beach, CA 92649-1030

http://www.tcmpub.com

ISBN 978-1-4333-7220-9

© 2013 Teacher Created Materials, Inc.

Tabla de contenido

De Texas al espacio exterior

Shannon Walker puede definirse a sí misma como una típica texana. Le gusta pensar en grande. Walker nació en Houston en 1965. Fue a la universidad en su ciudad natal. Se graduó en la Universidad de Rice en 1987. Su primer trabajo fue como controladora de **robótica** en el Centro Espacial Johnson en Houston. La Administración Nacional de **Aeronáutica** y el Espacio (*NASA*) maneja el Centro Espacial Johnson. Es el centro de control para todos los vuelos espaciales tripulados de Estados Unidos.

En el 2004 Walker comenzó a entrenarse como astronauta para la Estación Espacial Internacional. Cuando despegó en su vuelo al espacio el 15 de junio del 2010, ¡llevó una bandera de la ciudad de Houston con ella!

Shannon Walker, nativa de Houston y astronauta de la *NASA*, mira varias frutas flotando a bordo de la Estación Espacial Internacional.

Texas es el segundo estado más grande en Estados Unidos.

De Houston a la luna

El 20 de julio de 1969 la nave espacial Apolo 11 aterrizó en la luna. En ella viajaban los astronautas Neil Armstrong y Edwin "Buzz" Aldrin. El Comandante Armstrong inmediatamente envió un mensaje de radio a casa que decía: "Houston... el águila ha aterrizado." Armstrong fue la primera persona en caminar por la superficie de la luna y Aldrin fue la segunda.

Los Astros de Houston

La ciudad de Houston está orgullosa de su conexión con la *NASA*. En 1965 el nuevo estadio de deportes de la ciudad se convirtió en el *Astrodome*. Ese mismo año, el equipo de béisbol de Houston, los *Colt 45*, cambió su nombre al de Houston Astros.

Ir desde Houston hasta el espacio exterior puede parecer un gran salto. Pero los texanos están acostumbrados a las grandes distancias. Texas es el segundo estado más grande en Estados Unidos luego de Alaska. Tiene una de las poblaciones de crecimiento más rápido en el país. El estado enfrenta muchos desafíos así como oportunidades en este siglo.

Una gran economía
Todavía en crecimiento

Texas tiene una de las **economías** más grandes en Estados Unidos. Si Texas fuera una nación, ¡tendría una de las economías más grandes del mundo! Texas está muy involucrado en el **capitalismo**. En este sistema, las personas y los países comercian entre sí libremente. Todos los años Texas vende el valor de miles de millones de dólares en productos a otros países.

un campo de algodón de Texas

Dell Inc. tiene su oficina central en Round Rock, Texas.

La industria petrolera en Texas forma gran parte de la economía.

Algunas de las industrias más grandes del estado son la agricultura, el petróleo y la **tecnología**. La tecnología consiste en usar la ciencia para hacer cosas tales como explorar el espacio o fabricar computadoras.

Texas también es un importante estado agrícola. Tiene cerca de 130 millones de acres de tierras cultivadas. Y es líder en la cría de ganado a nivel nacional.

el gobernador de Texas Rick Perry

El gobernador Perry

Rick Perry nació en de una familia de granjeros del oeste de Texas. ¡Su familia había vivido en Texas por 13 generaciones! Perry fue uno de los primeros de su familia en ir a la universidad. Luego de graduarse en la Universidad A&M de Texas, prestó servicios al país en las fuerzas aéreas de Estados Unidos. En el 2000 Perry fue elegido gobernador de Texas.

Durante su mandato como gobernador, las escuelas y la economía de Texas mejoraron. Con Perry, se crearon más oportunidades laborales en Texas que en cualquier otro estado del país. En el 2012 Texas calificó como el mejor estado para hacer negocios. Perry también ayudó a los maestros a ganar más dinero.

El clima cálido de Texas permite a los agricultores tener una temporada de cultivo más larga. En el sur, los agricultores pueden comenzar a plantar desde febrero. Texas es el principal cultivador de algodón de la nación. También se cultivan el maíz y el trigo ampliamente.

Petróleo y energía

Muchas de las reservas de petróleo de la nación pueden encontrarse debajo del suelo de Texas. Texas es el principal productor de **petróleo crudo** de la nación. ¡Extrae cerca de 4.7 millones de toneles por día! Es el tercer productor más grande de **gas natural**. La extracción de carbón fue una de las principales industrias de Texas en una época. A principios del siglo XXI, la minería decayó en gran medida. Pero todavía existen algunas minas de carbón activas en Texas.

El petróleo siempre ha sido más que un recurso natural en Texas. También ha sido una fuerza cultural. Museos, escuelas y hospitales se han fundado gracias al dinero proveniente del petróleo.

El gas natural se quema cerca de Amarillo, Texas.

Las turbinas eólicas pueden medir 500 pies (152 m) de alto.

Este parquímetro de Texas usa energía solar.

Parques eólicos

El parque eólico Roscoe fue el parque de energía eólica más grande del mundo cuando se inauguró en el 2008. Cada año sus 327 turbinas producen suficiente electricidad para cubrir las necesidades de 250,000 familias texanas.

Energía renovable

La energía renovable se produce a partir de recursos que se remplazan naturalmente. Dichos recursos tales como el viento, el agua y el sol nunca se acaban. Texas se ha convertido en un líder nacional en el uso de la energía renovable. Al usar los recursos naturales tales como el viento y la luz solar, los texanos ahorran dinero y ayudan al medio ambiente.

Hoy en día, los texanos usan otras fuentes de energía. Las **turbinas** pueden encontrarse por todo el estado. Estas turbinas convierten la energía eólica en electricidad. Texas también está comenzando a usar energía solar. Los paneles solares pueden recolectar energía proveniente del sol. La energía puede usarse para calentar el agua y el aire en los hogares y oficinas. Texas está comenzando a dar el ejemplo en el uso de **energía limpia**.

Aire y espacio

El Centro Espacial Johnson abrió en 1958. Ha sido el centro de gran parte del programa espacial estadounidense. El centro dirigió los vuelos tripulados de *Apolo* a la luna. También condujo el programa del **transbordador espacial** desde 1981 hasta 2011. En 1998 el centro se hizo cargo de la Estación Espacial Internacional. El Centro Espacial Johnson tiene alrededor de 18,500 empleados.

No todas las entidades aéreas de Texas están orientadas hacia el espacio exterior. El aeropuerto de Dallas-Forth Worth (DFW) es el aeropuerto más grande del estado. Todos los años millones de personas atraviesan las 152 puertas de acceso al aeropuerto.

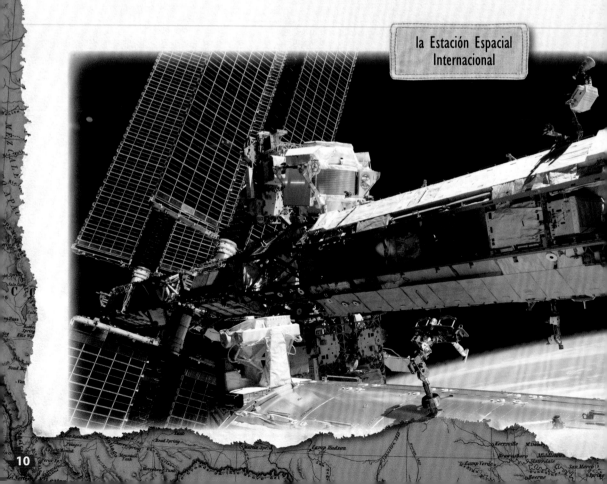

la Estación Espacial Internacional

aeropuerto de Dallas-Fort Worth

Las aerolíneas de DFW no solo transportan personas. El aeropuerto también despacha cargamentos. Moviliza más de 500,000 toneladas de cargamentos todos los años. La mayoría de este cargamento se envía al extranjero.

La **industria bélica** también ayuda a la economía de Texas. El departamento de defensa es parte del gobierno de Estados Unidos. Está a cargo del ejército de Estados Unidos. Ayuda a mantener protegido al país. Muchos futuros pilotos militares aprenden a volar en las 15 bases militares de Texas.

Dos T-6 texanos vuelan sobre la base Laughlin de las fuerzas aéreas en Texas.

Al rescate

La fábrica Bell Helicopter está ubicada en Fort Worth. Construye helicópteros para **iniciativas** militares o civiles. El Bell 412 se conoce como un "helicóptero de rescate" porque tiene un peso liviano y es fácil de volar. En 2005 un grupo de Bell 412 ayudó a rescatar a los sobrevivientes de un enorme terremoto en Paquistán.

Aprender a volar

La base Laughlin de las fuerzas aéreas entrena pilotos para las fuerzas aéreas y la marina de Estados Unidos. Ubicada en Del Río, cerca de la frontera entre Texas y México, Laughlin enseña a los pilotos a usar los aviones texanos T-6.

Alta tecnología, el estilo de Texas

California tiene el *Silicon Valley* (Valle del Silicio). Es un área del estado que alberga a muchas compañías de tecnología. Texas tiene a *Silicon Prairie* (Pradera del Silicio). Está zona está ubicada alrededor de Dallas y Fort Worth. *Silicon Prairie* alberga a muchas **firmas** de tecnología. Estas firmas diseñan productos que van desde sistemas de seguridad hasta videojuegos populares.

Cerca de Richardson hay un largo trecho de edificios de oficinas conocido como *Telecom Corridor*. Alberga a cientos de firmas que emplean a miles de texanos. Una de las más grandes es Texas Instruments. Esta firma de tecnología fabrica las calculadoras que los estudiantes usan todos los días.

el cofundador de Facebook, Mark Zuckerberg

Otras firmas de tecnología se han establecido en Austin. La gran cantidad de graduados universitarios que vive en la zona hace que sea una buena ubicación para las firmas de tecnología. En 2010 Facebook abrió una oficina en Austin. Esta fue su primera oficina fuera de California.

En 2011 la compañía de videojuegos Electronic Arts (EA) anunció que abriría oficinas nuevas en Austin también. EA produce muchos de los videojuegos más populares del mundo.

Cerca de la cima

En 2010 Texas ocupó el segundo lugar en empleos de alta tecnología en Estados Unidos. La industria de la alta tecnología en Texas dio trabajo a 456,400 texanos en más de 27,900 empresas diferentes.

Nombres importantes

Muchas compañías de tecnología famosas tienen sus oficinas en Texas. Algunos nombres importantes incluyen a Google, eBay, Dell, Apple y Microsoft.

El gobernador Rick Perry admira su perfil de jugador en el videojuego de *Fútbol NCAA* de EA.

El gobierno de Texas

Al igual que Estados Unidos, Texas tiene un gobierno con tres divisiones. Estas son: el poder **ejecutivo**, **legislativo** y **judicial**. Sin embargo, el gobierno del estado de Texas también tiene características propias.

Las leyes de Estados Unidos están fundadas sobre la creencia en la libertad y la justicia para todas las personas. Las leyes de Texas están fundadas sobre las mismas creencias. Los dirigentes de Texas tratan de mantener estas creencias básicas. Si una gran cantidad de texanos piensa que un dirigente no está cumpliendo con esto, ellos pueden votar para cambiar de dirigente.

capitolio estatal de Texas en Austin

la Corte Suprema de Estados Unidos

la mansión del gobernador en Austin, Texas

Texas también tiene un sistema judicial único. Hay cinco niveles de tribunales. Estos son: la corte suprema, el tribunal del distrito, el tribunal del condado, el tribunal municipal y los tribunales menores. Las dos cortes supremas son los tribunales superiores de Texas. Los tribunales del distrito se encargan de los casos más importantes en el estado. Los tribunales del condado se encargan de los casos más grandes de cada condado. Los tribunales municipales se encargan de los casos de seguridad civil en la ciudad. Los tribunales menores se encargan de los casos menores tales como infracciones de tránsito.

Llévenlo a la corte suprema

La Corte Suprema de Estados Unidos es el tribunal superior del país. La Corte Suprema de Estados Unidos tiene nueve magistrados. Cuando hay una apertura, el presidente designa un nuevo magistrado con la aprobación del Senado.

La justicia de Texas

El estado tiene dos cortes supremas. La Corte Suprema de Texas se encarga de los casos civiles. Estos son casos judiciales en los cuales una persona o grupo presenta cargos contra otra persona o grupo. La Cámara de Apelaciones en lo Criminal de Texas se encarga de los casos criminales. Estos son casos judiciales en los cuales el gobierno presenta cargos contra una persona o grupo por cometer un crimen.

El orgullo de ser texano
Los símbolos de Texas

Los texanos están orgullosos de ser ciudadanos de su estado y muestran este orgullo de muchas maneras. La mayoría de los texanos crece cantando el himno del estado: "Texas, nuestro Texas". Esta canción patriótica celebra la libertad de Texas y rinde homenaje a los texanos que dieron sus vidas para liberar a Texas en lugares como San Jacinto y El Álamo.

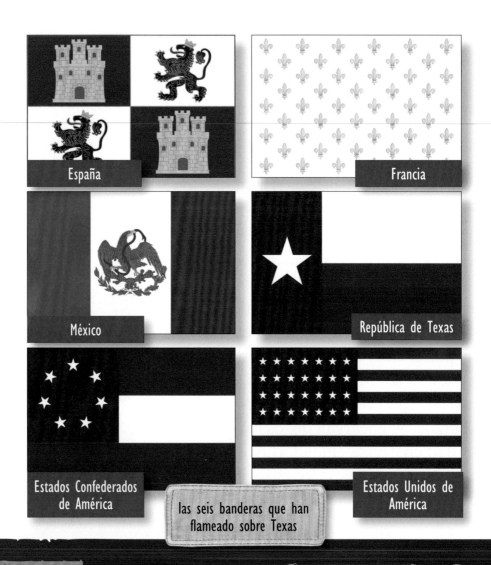

España

Francia

México

República de Texas

Estados Confederados de América

Estados Unidos de América

las seis banderas que han flameado sobre Texas

Clara Driscoll y Adina de Zavala, pioneras de la preservación de sitios históricos

Hay muchos símbolos que los texanos valoran profundamente. La estrella solitaria ha sido el símbolo de la unidad de los texanos desde la Revolución de Texas. Hoy en día, esta estrella solitaria aparece en la bandera de Texas. Es por eso que muchas personas llaman a Texas "el estado de la estrella solitaria".

Los texanos también están orgullosos de su historia. Algunos rinden homenaje a esta historia exhibiendo las seis banderas que han flameado sobre Texas. Las seis banderas de Texas cuentan la historia de Texas. Ellas muestran cada una de las naciones que han controlado la tierra que hoy es Texas. Estas naciones son: España, Francia, México, la República de Texas, Estados Confederados de América y Estados Unidos de América.

¡A salvar la historia de Texas!

Los texanos trabajan juntos para preservar, o salvar, los símbolos importantes de la historia de Texas. Clara Driscoll fue una mujer de negocios texana que ayudó a proteger El Álamo como sitio histórico. Adina De Zavala, nieta de Lorenzo de Zavala, el primer vicepresidente de la república de Texas, también trabajó para preservar sitios históricos importantes de Texas.

Juramento de lealtad

Muchos texanos muestran el orgullo que sienten de ser texanos al recitar el juramento a la bandera de Texas. El estado adoptó el juramento en 1933. En Texas, los niños comienzan cada día recitando lo siguiente: "Honor a la bandera de Texas; te prometo lealtad a ti, Texas, un estado bajo Dios, uno e **indivisible**".

La diversidad de personas

Texas tiene la segunda población más grande en la nación. ¿Quiénes son los texanos? Los blancos no hispánicos conforman menos de la mitad de la población. Alrededor de un tercio de todos los texanos son hispánicos o latinos. La mayor parte de la población restante incluye a los afroamericanos y a los indígenas americanos. Esto hace que Texas sea un estado de mayoría minoritaria. Es un estado en el cual los habitantes blancos son menos de la mitad de la población total.

La diversidad de Texas lo convierte en un estado con una cultura muy rica. Los texanos realizan muchas celebraciones diferentes. Muchos festejan la fiesta mexicana de Cinco de Mayo. Este día de fiesta conmemora la victoria de México sobre Francia en la batalla de Puebla el 5 de mayo de 1862. El 5 de mayo de cada año, los texanos rinden homenaje a la cultura mexicana.

Bailarines que celebran el Cinco de Mayo en Austin.

desfile de la batalla de las flores, 2009

alemán tradicional bailando en el Festival de Oktoberfest en Addison, Texas

El Festival de Oktoberfest

En octubre los texanos rinden homenaje a la cultura alemana por todo el estado con los festejos de Oktoberfest. En Fredericksburgo, los texanos rinden tributo a su herencia alemana disfrutando de la comida, música, arte y artesanías tradicionales. Cientos de miles texanos asisten al "Saludo de diez días a la salchicha" en Nueva Braunfels.

Festival de la frutilla

Todos los años los texanos celebran a los cultivadores de bayas en el Festival de la frutilla de Poteet. Ubicado en Poteet, el festival presenta 14 niveles de entretenimiento y más de 100 tipos de alimento y puestos de artesanías. Los texanos miran los **rodeos** y las peleas de toros así como el gran desfile que cruza el centro de Poteet. Los cultivadores de bayas de Texas presentan sus frutillas en competencias y subastas.

Todas las primaveras, millones de personas viajan a San Antonio para participar en la Fiesta San Antonio. El festival celebra la memoria de aquellos que lucharon por la independencia de Texas en El Álamo y en San Jacinto. El festival ha crecido desde que los texanos comenzaron a celebrarlo hace más de 100 años. La fiesta incluye un desfile de la batalla de las flores, la elección de la reina del festival y una caminata hasta El Álamo.

Elevar el nivel educativo

Texas tiene un sistema de universidades públicas muy bueno. La Universidad de Houston, la Universidad de Texas en Austin y la Universidad A&M de Texas son solo algunas de las principales universidades.

Las universidades en Texas ofrecen **especializaciones** únicas. Los estudiantes de Houston pueden especializarse en el lenguaje de signos estadounidense. En A&M, los estudiantes pueden especializarse en **meteorología**. Este es el estudio de los patrones climáticos. Y en Austin, los estudiantes pueden especializarse en **textiles** e indumentaria. En esta especialización, los estudiantes estudian cómo hacer y diseñar indumentaria.

Las escuelas de investigación médica atraen a estudiantes y expertos de todo el mundo. Texas tiene ocho escuelas médicas. El Centro Médico de Texas en Houston se especializa en **trasplantes de órganos**. En el 2006 el centro realizó la mayor cantidad de trasplantes en todo el mundo.

Universidad de Texas en Austin

diseñador de moda

Centro Médico de Texas en Houston

un equipo médico realiza una cirugía

Miles de estudiantes estudian en las escuelas de Texas cada año. Estas escuelas están formando a los futuros líderes de Texas y del mundo.

¿Qué representan las siglas A&M?

Los estudiantes de A&M de Texas saben que las iniciales significan Agricultura y Mecánica. La universidad fue fundada en 1871 para proporcionar conocimientos y habilidades agrícolas y militares a los jóvenes. Las mujeres no pudieron inscribirse hasta la década de 1960.

Los premios Blue Bonnet de Texas

Las bibliotecas son parte de la educación también. Todos los años, la Asociación de Bibliotecas de Texas otorga el premio Blue Bonnet al libro más votado por los estudiantes de 3.º a 6.º grado de las escuelas públicas. Los ganadores de los premios Blue Bonnet Award incluyen a *El patito afeado* de Willy Claflin y *El extraño caso de Origami Yoda* de Tom Angleberger.

Estado presente
Literatura

Texas tiene una larga tradición literaria. En 1836, Mary Austin Holley publicó *Texas*, el primer libro de idioma inglés acerca del estado. El estado todavía inspira a los autores actuales.

Dentro de los escritores modernos de Texas se encuentra Sandra Cisneros. Ella es una residente de San Antonio que extrae sus experiencias como hija de **inmigrantes** mexicanos. Su libro *La casa de la calle Mango* cuenta la historia de una joven latina que trata de mejorar su vida. Cynthia Leitich Smith es un miembro de la nación Muskogee que ha escrito acerca de la vida de los indígenas americanos para niños.

Cynthia Leitich Smith

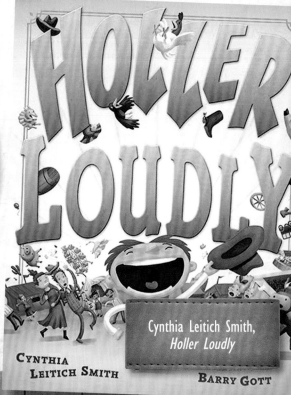

Cynthia Leitich Smith,
Holler Loudly

MILKWEED PRIZE FOR CHILDREN'S LITERATURE

Jessica Lee Anderson,
Trudy

trudy JESSICA LEE ANDERSON

Cada año la Comisión de Artes de Texas designa a un poeta **laureado** para el estado. También patrocina el concurso de poesía *Poetry Out Loud* para los estudiantes de la escuela secundaria. Los estudiantes recitan un poema frente a una audiencia. Los finalistas reciben becas y dinero para su escuela. La escuela puede usar este dinero para comprar libros. El ganador del estado participa de la competencia nacional en Washington, DC. ¡El ganador puede obtener $20,000 para la escuela!

Jessica Lee Anderson

Jessica Lee Anderson escribe libros para jóvenes adultos desde su casa en Austin. Su novela *Trudy* del 2005 cuenta la historia de una muchacha que tiene que enfrentarse con los desafíos de la secundaria al mismo tiempo que afronta grandes cambios en su casa. *Trudy* ganó el premio Milkweed para literatura infantil.

P. J. Hoover

P. J. Hoover ha diseñado chips de computadoras en Austin durante 15 años. Pero siempre le encantó la **mitología**. Decidió cambiar de profesión y comenzó a escribir libros para niños y adolescentes. Ha escrito tres libros, conocidos como *Los mundos olvidados* que son una **trilogía**. Estos libros cuentan la historia de un niño que se entera que forma parte de dos mundos en guerra sumergidos debajo del océano.

Willie Nelson, leyenda de la música country y nativo de Texas, toca cerca de su estatua en Austin.

Música

Desde la ópera al hip-hop pasando por el country, cuando se trata de música, Texas lo tiene todo. La Ópera de Dallas ha ejecutado varias de las grandes obras clásicas desde 1957. En 2009 la compañía se mudó al Centro de Interpretación AT&T. Todos los años el gremio de la Ópera de Dallas realiza un concurso para jóvenes cantantes.

Se conoce Austin como "la capital de música en vivo del mundo". Cerca de 2,000 músicos viven en Austin. Los músicos tocan en las tiendas de comestibles y en los aeropuertos. Incluso acompañan el recorrido de la **maratón** de Austin todas las primaveras.

Festival de música
Pachanga

Kelly Clarkson

Kelly Clarkson nació y creció en Fort Worth; su sueño de niña era ser cantante. En 2002 se convirtió en la primera ganadora de la competencia de canto televisiva *American Idol*. Desde entonces, ella publicó muchos álbumes famosos de rock y dio recitales en todo el mundo.

El festival musical Pachanga de Austin atrae a fanáticos de los ritmos latinos de todo el país. La música **tejana** es única en Texas. Es una **fusión** de muchos estilos de música.

La música afroamericana también tiene raíces profundas en Texas. Muchos cantantes famosos de blues han vivido en el estado. El blues de Texas ya no es tan popular como lo fue una vez. Pero muchos texanos todavía tocan ritmos de blues.

Beyoncé

A Beyoncé Knowles siempre le encantó bailar y cantar cuando era niña en Houston. A fines de la década de 1990, su banda de ritmos y blues *Destiny's Child* se hizo muy famosa. Cuando se inició como solista, se convirtió en una de las estrellas más grandes del mundo. Ganó muchos premios para sus canciones y actuaciones.

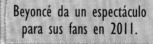

Beyoncé da un espectáculo para sus fans en 2011.

El equipo de Texas

¡Los deportes son una parte importante de Texas! El fútbol americano es el deporte más popular del estado. Todos los viernes de otoño por la noche, los estudiantes de secundaria de Texas juegan al fútbol bajo las luces del estadio. El fútbol universitario también es muy popular. Algunos de los mejores equipos universitarios de fútbol de la nación pueden encontrarse en Texas.

Al ser el segundo estado más grande, Texas puede apoyar a muchos equipos profesionales. Los Houston Texans y los Dallas Cowboys son los dos equipos de la Liga de Fútbol Nacional del estado. Los Cowboys han ganado cinco *Super Bowls*.

Los Houston Astros y los Texas Rangers representan a Texas en la Liga Mayor de Béisbol (*MLB*). Los Astros juegan en Minute Maid Park en Houston y los Rangers juegan en Rangers Ballpark en Arlington.

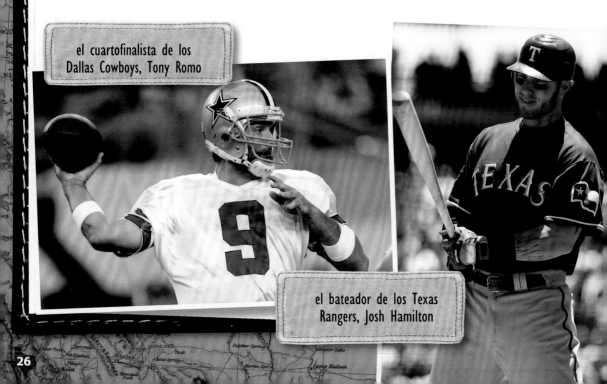

el cuartofinalista de los Dallas Cowboys, Tony Romo

el bateador de los Texas Rangers, Josh Hamilton

un vaquero compite en el Espectáculo de ganado y rodeo de Houston

Espectáculo de ganado y rodeo en Houston

Todas las primaveras Houston auspicia el rodeo más grande y antiguo del mundo. El mismo comienza cuando los jinetes provenientes de todo el estado llegan a la ciudad. ¡Dura 20 días!

¡Puedes leerlo todo!

Fundado en Waco en 1993, el Salón de la Fama del Deporte de Texas rinde homenaje a los texanos en todos los campos del atletismo. El salón también patrocina un club de lectura de deportes. El club alienta a los estudiantes a leer ofreciéndoles libros acerca de los equipos de Texas y los héroes del deporte.

Hay tres equipos texanos en la Asociación Nacional de Baloncesto (*NBA*): los San Antonio Spurs, los Houston Rockets y los Dallas Mavericks.

El San Antonio Silver Stars es el equipo estatal de la Asociación Nacional de Baloncesto Femenino (*WNBA*). Los fanáticos del fútbol pueden apoyar al Houston Dynamo y a FC Dallas. Estos dos equipos son miembros de la Liga Mayor de Fútbol (*MLS*).

El corazón de Texas

Texas lleva la delantera en muchas categorías en Estados Unidos. Es uno de los estados más grandes en la Unión. Tiene una de las poblaciones más numerosas. Tiene una de las mejores economías. Y Texas es líder en las artes y los deportes.

Texas también está conduciendo la nación hacia el futuro. Sus numerosas universidades están formando a los futuros líderes de la nación y del mundo. Los investigadores de los hospitales de Texas trabajan duro para curar las enfermedades. Y las empresas de Texas ayudan a la nación creando nuevos empleos.

Los animadores de Longhorn en la Universidad de Texas en Austin actúan durante un juego de fútbol.

un centro de investigaciones en el Hospital de Niños de Texas

Los miembros de la tribu alabama-coushatta se preparan para una competencia de baile.

Los primeros texanos

Originalmente había al menos 12 tribus de indígenas americanos que ocupaban el territorio hoy conocido como Texas. A partir del 2010 se han reconocido federalmente a tres tribus. Una tribu reconocida federalmente es una tribu de indígenas americanos o nativos de Alaska que tiene su propio gobierno. Estas tribus pueden recibir fondos y servicios del Departamento de Asuntos Indígenas.

Las tres tribus federalmente reconocidas en Texas son los alabama-coushatta al este de Texas, la tribu tradicional de kickapoo en el sur y los ysleta del Sur Pueblo en la esquina occidental de la frontera entre Texas y México.

Texas tiene una de las poblaciones más diversas. Los texanos contribuyen a la riqueza cultural del país. Ellos pasan sus tradiciones a las generaciones futuras. Los texanos preservan sus diferentes culturas. Y comparten sus costumbres con otros.

La historia de Texas ha dado forma a los ciudadanos de hoy en día. ¡La historia, la libertad, el patriotismo y el orgullo cultural están profundamente enraizados en el corazón de Texas!

Glosario

aeronáutica: la ciencia del viaje aéreo

capitalismo: el sistema en el que las personas y los países comercian entre sí libremente

economías: sistemas de dinero y productos

ejecutivo: la rama del gobierno responsable de llevar a cabo las leyes

energía limpia: energía que no libera contaminantes en el medio ambiente

especializaciones: áreas principales de estudio en una universidad

firmas: organizaciones comerciales

fusión: una mezcla de diferentes elementos para formar un todo

gas natural: una forma de gas líquido que se encuentra debajo de la tierra con los depósitos de petróleo

indivisible: que no puede ser dividido

industria bélica: compañías privadas y militares que trabajan juntas para crear nuevas tecnologías

iniciativas: proyectos planificados

inmigrantes: personas que se mueven a un país nuevo

judicial: la rama del gobierno responsable de hacer cumplir las leyes

laureado: un individuo respetado por su excepcional rendimiento en un campo

legislativo: la rama del gobierno responsable de redactar las leyes

maratón: una carrera de 26.2 millas (42.2 km) de largo

meteorología: el estudio de los patrones climáticos

mitología: el estudio de las historias y leyendas sobre dioses y héroes

petróleo crudo: petróleo extraído de la tierra que no ha sido procesado

robótica: el estudio, diseño y construcción de robots.

rodeos: exhibiciones públicas de las habilidades de los vaqueros, tales como montar a caballo y amarrar con cuerdas

tecnología: usar la ciencia para resolver problemas o mejorar algo

tejano: un texano nacido en México

textiles: vestimenta tejida

transbordador espacial: una nave espacial diseñada para transportar personas y cargamento entre la Tierra y el espacio

trasplantes de órganos: tomar órganos saludables tales como un riñón, corazón o pulmón de un cuerpo para remplazar un órgano enfermo en otro cuerpo

trilogía: una serie de tres obras escritas, visuales o de música

turbinas: estructuras altas con grandes aspas que giran y producen electricidad

Índice

¡Es tu turno!

Texas es el segundo estado más grande de la nación. Tiene una de las poblaciones de crecimiento más rápido. El estado aloja a muchas industrias, universidades, artistas y equipos de deportes. Es un estado moderno con una rica tradición.

Tributo a Texas

Escribe un acróstico sobre Texas. Comienza escribiendo las letras T-E-X-A-S hacia abajo en el centro de un trozo de papel. Para cada letra, piensa en una palabra que describa al estado y que comience, termine o contenga la letra.